Leyendas y Profecías de Asia

EN LAS ENCRUCIJADAS DE ORIENTE

LEYENDAS Y PROFECÍAS DE ASIA

SOCIEDAD AGNI YOGA HISPANA
2017

Sociedad Agni Yoga Hispana, Inc.
PO Box 9447, Caguas Puerto Rico 00726

Traducción al español
© 2008, 2016 Sociedad Agni Yoga Hispana., Inc.

Primera Edición 2008. Segunda Edición 2016.
Reimprimido 2017.

Publicado originalmente como
On Eastern Crossroads. New York: Agni Yoga Society, 2016.
© 2016 by Agni Yoga Society.

ISBN: 978-1-947619-00-5

INTRODUCCION (1930)

EN las tradiciones de todos los pueblos ha habido leyendas de peregrinos quienes colocan piedras a lo largo de su camino para poder encontrar el sendero de regreso a la fuente. El libro "Criptogramas de Oriente," de Josefina Saint-Hilarie se lo puede considerar desde este punto de vista, además que nosotros sentimos, que cada uno de estos magníficos fragmentos reunidos tan cuidadosamente por ella, añaden sus chispas a la textura de la verdad y revela los pasos de las tradiciones más antiguas. En todo el trabajo que vamos a presentar, en la variedad de los temas, no hay una marca personal; es como una corona de flores que se juntaron sin ninguna consideración especial por los especimenes a juntarse, sino que se hizo por el amor a la belleza de toda la pradera. Uno puede sentir cómo durante los muchos viajes realizados, toda nueva contribución al trabajo fue añadido sin ningún pensamiento negativo y así se fue llenando gradualmente la bolsa de benevolencia del coleccionista.

Es importante sentir que a nadie se le exige que acepte estas tradiciones en ninguna dirección en especial. Mas el lector sí podría enriquecer su intuición respecto de los aspectos constructivos de la historia de la humanidad.

Veremos pues, como las mentes de las naciones registraron y conservaron por siglos las grandes ideas como chispas evolutivas de su talento.

Estas chispas deberían ser guardadas con igual solicitud por nosotros y por la posteridad. Es necesario que nosotros consideremos con veneración estas tradiciones, sin disminuirlas sino aplicándolas a nuestras necesidades espirituales de la manera más constructiva y apreciativa. Así pues, viajemos por el pasado saludando al futuro.

Con frecuencia aquello que es llamado Apócrifo conserva muchos trazos tomados de los textos auténticos. En estas inesperadas historias y parábolas esparcidas entre los pueblos de Asia nos damos cuenta precisamente qué imágenes viven en la conciencia popular.

De Altai a Ceilán la gente sueña con los Grandes Maestros, recordando desde la antigüedad fragmentos de las vidas de Ellos y trayendo las historias más cerca hacia el carácter de su país.

Reunir estos criptogramas de grandes reflexiones significa dar una ojeada al alma de los pueblos.

CONTENIDO

UNA PÁGINA DE LA SAGRADA HISTORIA DEL SEÑOR BUDA

El Comienzo Del Camino	13
Maitreya El Predestinado	15
La Partida	18
Los Mandamientos	19
El Elegido Para El Logro	20
El Pasatiempo Favorito De Buda Con Sus Discipulos	21
El Fundamento De La Enseñanza	22
La Renuncia A Las Posesiones	23
La Condena A Los Fanáticos	24
Tres Arhats	25
El Pastor Y El Sannyasin	27
El Mercader De Monos	28
Parábola Sobre Aquel Que Preguntaba	29
La Rueda De La Ley	30
El Sentido De La Necesidad	32
El Buscador Del Buda	33
Al Gran Iluminado	34
El Rescate Del Hombre	35
Parábola Del Rey De Maragor	36
Preceptos Del Soberano De Rajagriha	38

DE LA VIDA DE CRISTO

La Estrella	41
El Camino De Cristo	44
El Arribo De Cristo	46

Los Signos De Cristo	48
La Historia De Maria Magdalena	50
Los Escribas	52
El Interrogador Del Sanedrín	53
Los Ojos — Heridas Abiertas	54

LA MADRE DEL MUNDO

La Madre Del Mundo	57
La Refulgencia De La Madre Del Mundo	58
La Orden	59
El Juego De La Madre Del Mundo	60
El Escudo Ardiente	61
El Velo Ardiente	62

APOLONIO DE TIANA

La Visita De Apolonio Al Norte De La India	65
La Desaparición De Apolonio	67

DE LA VIDA DE
SAN SERGIO DE RADONEGA

La Proclamación De La Madre Celestial	71
Proverbios De Sergio	72
Las Congojas De Sergio	73
La Prudencia De Sergio	74

AKBAR, EL GRANDE

El Mensajero Plateado	77
La Ayuda Del Cielo	79
Los Comandantes	80
Los Enemigos	82
Invisiblemente Visible	83

LEYENDAS Y SABER

Un Relato De La Cosmogonia	87
El Mensajero De La Luz	88
Los Siete Sirvientes	89
La Ciudadela De La Lealtad	90
Veneracion Al Maestro	91
Milarepa	92
El Ermitaño	93
Batur — Baksha	95
La Montaña Blanca	97
Flechas De Pensamientos	98
El Pensamiento Del Mundo	99
La Fuente De La Paciencia	100
El Guardian De Las Siete Puertas	101
El Resplandeciente	103
El Regalo De Las Tinieblas	104
La Recompensa	105
Dos Pitris	106

EL PRÍNCIPE DE LAS TINIEBLAS

Lucifer	109

EL ORO Y LA OBSCURIDAD

El Oro	115
La Obscuridad	116

LA LEYENDA DE LA PIEDRA

La Leyenda De La Piedra	119

LAS PROFECÍAS DE SHAMBALA Y MAITREYA

Las Profecías De Shambala Y Maitreya	129

UNA PÁGINA
DE LA SAGRADA HISTORIA
DEL SEÑOR BUDA

EL COMIENZO DEL CAMINO

EL Señor Buda en verdad dejó el pueblo donde nació. En verdad Él meditó bajo el árbol de la sabiduría. En verdad Él enseñó en Benarés. En verdad Él concluyó Su enseñanza en Kushinagar. Mas los siglos añadieron muchas historias.

El Señor partió de Su lugar natal a lomo de caballo acompañado por un siervo-mensajero. El camino yace hacia el noroeste, a lo largo del valle del río. El apurado viaje duró dos semanas. Más allá del paso de las montañas, terminó el camino para caballos. Más adelante continuaba el camino de los cazadores. Aquí lo dejó el manifestado mensajero, mas en su despedida dijo, "Príncipe, Hermano, cuando llegues a la choza del cazador, entrégale este pedazo de madera." Y él le entregó un pedazo de madera con tres señales.

El Señor viajó por el sendero por siete días. Al octavo llegó a la choza. La puerta permanecía abierta y un anciano alto vestido con una sucia sobrepelliz estaba cortando madera.

El Señor se le aproximó saludándolo, como se acostumbra en la India. Mas el cazador se rió y le señaló un árbol. El Señor recordó el pedazo de madera y se lo entregó. El anciano examinó las marcas y amablemente le señaló la mesa dentro de la choza. El Señor entendió la invitación y compartió la carne de venado y la miel.

Luego el anciano, con gestos, le pidió al Señor que descansara.

Cuando el Señor Buda despertó, el sol recién había iluminado las nieves. El cazador ya no estaba en la choza, pero desde el patio sonaba el ruido que hacia el hacha. Sin embargo, pronto su figura apareció en la puerta y le ofreció al Señor un trago de miel. Entonces el anciano tomó un saco y una lanza y señaló al sol. El Señor entendió que era hora de partir y tomando su bastón se marchó de la cabaña. El anciano se inclinó tres veces ante Él y le indicó que debía seguirle. Se aproximó a unos matorrales y empujó unas ramas dejando un angosto sendero al descubierto. Le hizo señas al Señor que lo siguiera y rápidamente se adelantó, señalando hacia el sol. De esta forma caminaron hasta el medio día. El bosque se puso menos denso y se pudo escuchar el retumbar del río y llegaron a su orilla. El anciano sacó su arco y lanzó una flecha. Esperaron en silencio. El Señor se sacó los adornos que todavía tenia y se los ofreció al anciano. Pero este le pidió que los arrojara al río.

En la orilla opuesta apareció un hombre alto que empujó su barca y se dirigió hacia ellos. Su ropa estaba ribeteada con piel. Y su rostro era ancho y obscuro. Al llegar a la orilla el extraño se inclinó ante el Señor y lo invitó a subir a la barca. El Señor quiso despedirse del cazador pero este ya había desaparecido. El extraño también se mantenía en silencio. Al llegar a la otra orilla montaron en caballos y empezaron a ascender a la montaña.

Durante la noche llegaron a los límites de las nieves y al amanecer descendieron a la Morada.

MAITREYA EL PREDESTINADO

LOS ojos del príncipe niño se abrieron temprano a los milagros del mundo. Nada escapaba a su penetrante atención.

El Rey dijo: "La percepción es la corona del Señor, pero la fortaleza de su brazo es Su escudo. Hagamos que fortalezca Su brazo con el arco. Hagamos que los niños de los nobles Castrillas compitan con el Príncipe."

La Reina Madre accedió añadiendo, "Si el discernimiento es la corona del Señor y la fortaleza de Su brazo Su escudo, entonces la gloria del Señor es Su misericordia y Su sabiduría. Yo haré que mi pequeño esté rodeado por los Devas de la Sabiduría, los que crearon los Vedas."

Entonces un viejo sabio se volvió hacia el Rey y dijo, Reverenda Madre y Tú, Señor, ordénenme combinar sus deseos. Ordénenme traer ante ustedes a aquella a la que llamamos la hija del Gran Nag, a quien hemos cobijado en nuestra casa. Y de quien nos hemos maravillado por siete años de su sabiduría y de la fortaleza de su arco. Ciertamente ella es digna merecedora de la mano que ha grabado la sabiduría de los Vedas."

"Que la traigan aquí," ordenó el Rey.

El sabio consejero llevó a una joven, diciendo, "Maitri, envía el saludo más cordial a nuestro Rey."

Nunca se había visto a una niña de siete años vestida

de blanco, con su arco y flecha en la mano y con una daga en su cinto. La corona de espeso pelo negro no estaba sujeta por la banda de los Nag y los ojos escudriñaban tristes y severos a la vez.

El Rey dijo. "Maitri, si puedes disparar tu arco hazlo y traspasa al pavo real que está allá."

Maitri se inclinó ante el Rey y dijo, "Yo no debo tomar la vida de un animal; pero permíteme, Rey, traspasar una manzana de la parte más alta del manzano."

El Rey le ordenó a Maitri que sea compañera del Príncipe y admiró grandemente la sabiduría de aquella que fue encontrada a la orilla del lago. El Príncipe pasó muchos años con Maitri, algunas veces llamándola La Severa, o la Resplandeciente, o la Guerrera, a la Vidente de la Sabiduría Nagi. Maitri abrió ante él los portones del Sendero.

Cuando el poderoso León retornó y con el rugido de la Verdad cubrió las montañas, Maitri protegió por Él a su mejor discípula y dijo, "Ella glorificará la visión de Tus trabajos."

El Señor de la Verdad contestó, "Maitri, Custodia y Consejera Manifestada. Tú que has ocultado tu sabiduría de la muchedumbre. Tú asumirás Mi lugar como el Señor de la Compasión y el Trabajo. Maitreya liderará las naciones hacia la Luz. Y la flecha del logro otorgará la manzana del conocimiento."

Aquello que ha sido dicho es tan cierto como que el Templo del Conocimiento será erigido cerca del lugar de la glorificación del Maestro. Lo que ha sido dicho es tan cierto como que la discípula del Bendito dará su nombre para el Templo del Conocimiento.

La base de la manifestación de la Verdad es afirmada por las labores de la vida.

Dado en Corten-Karpo.

LA PARTIDA

CUANDO llegó la hora de la partida, el Bendito le dijo a Su Esposa, "Vámonos."

Y tres veces dijo, "A través de la obscuridad de la noche, en el calor del medio día y en los rayos de la alborada."

Mas en las noches los tigres rugen y en el calor las serpientes se arrastran en la superficie y al amanecer los monos salen en hordas.

"Hasta ahora yo tengo temor," dijo la esposa.

"Esto también es para bien," dijo el Bendito. "Sin una llamada, por tus propios pasos serás la portadora de la Enseñanza."

Y el elefante berreó siete veces, proclamando la fecha del siguiente encuentro.

LOS MANDAMIENTOS

BIEN Yo te he alabado, Ananda. Ya que sin una llamada camina Aquella que afirma."

Y el Bendito percibió en los cielos sobre un velo el destino de la Luz de la Madre del Mundo.

Aquí el Bendito dice, "Todo por todas las cosas por siempre. Observa cuatro leyes: La Ley de Contención, la Ley de la Intrepidez, la Ley del Acercamiento y la Ley de la Benevolencia."

EL ELEGIDO PARA EL LOGRO

¿CÓMO elegía el Buda discípulos para el logro? Durante el trabajo, cuando la fatiga se había apoderado de los discípulos, el Buda hacia las preguntas mas inesperadas, esperando una pronto respuesta.

O colocando el objeto más simple ante ellos, Él sugería que lo describieran en no más de tres palabras o en no menos de cien páginas. O colocando a un discípulo ante una puerta sellada, Él preguntaba, "¿Cómo la abrirías?

O pidiéndole a los músicos debajo de su ventana que cantaran himnos de contenido completamente diferente.

O cuando veía a una molestosa mosca, Él le pedía a un discípulo que repitiera palabras pronunciadas inesperadamente.

O cuando pasaba en frente de sus discípulos, Él les preguntaba cuántas veces había pasado ante ellos.

O si notaba que tenían temor de animales o a los fenómenos naturales, Él les ponía como tarea sobreponerse a ello.

Así el poderoso León templaba la hoja del espíritu.

EL PASATIEMPO FAVORITO DE BUDA CON SUS DISCIPULOS

UNO no debería olvidar el pasatiempo favorito de Buda con sus discípulos durante los momentos de descanso. El Maestro lanzaba una palabra que servia de base para que los discípulos construyeran todo un pensamiento. No existe mejor prueba para conocer la condición de la conciencia.

EL FUNDAMENTO DE LA ENSEÑANZA

LA GENTE no entiende el fundamento de la Enseñanza del Bendito — el fundamento es la disciplina.

El monje de la comunidad tanto espiritual como físicamente se esforzaba para permanecer en el sendero. Los primeros años soportaba severas pruebas. A él se le prohibía matarse con prácticas ascéticas. Mas se le ordenaba que liderara la batalla por el único origen del espíritu.

Así de austera fue la instrucción del Buda a sus discípulos.

Verdaderamente ellos conocían del júbilo de la batalla espiritual. Así son las espinas del mencionado sendero.

Sólo cuando la voluntad del discípulo se engendraba como un león y las plateadas riendas del espíritu sostenían su fulgor sobre los sentimientos del pupilo, sólo entonces El Señor abría cautelosamente la cortina y asignaba una tarea.

Y así el discípulo gradualmente era iniciado en los Misterios del Conocimiento.

LA RENUNCIA A LAS POSESIONES

UNA vez un discípulo le preguntó al Bendito, "¿Cómo debe uno entender el cumplimiento del Mandamiento respecto de la renuncia a las posesiones? Un discípulo renunció a todas las cosas, mas el Maestro continuó censurándolo por las posesiones. Otro permaneció rodeado de objetos pero no mereció ningún reproche."

"Los sentimientos de las posesiones no se miden por los objetos sino por el pensamiento. Uno puede tener objetos pero aún así no ser un poseedor."

El Buda siempre aconsejó tener tan pocos objetos como fuera posible para no pasar mucho tiempo preocupado por ellos.

LA CONDENA A LOS FANÁTICOS

EL BUDA se dirigió a los brahmines: "¿A dónde los ha llevado su aislamiento? Para poder procurarse de pan ustedes se dirigen al mercado y ustedes le dan valor a las monedas de los sudras. Su aislamiento se puede calificar simplemente como pillaje. Y sus objetos sagrados son simplemente instrumentos de engaño.

"¿No son las posesiones de los brahmines ricos una profanación de la Ley Divina? Ustedes consideran al sur como luz y al norte como obscuridad. Llegará la hora cuando Yo venga en medio de la noche y sus luces sean extinguidas. Hasta los pájaros vuelan hacia el norte para tener sus crías. Hasta el ganso gris conoce del mérito de las posesiones terrenales. Pero el brahmín trata de llenar su faja con oro y conservar sus tesoros bajo su hogar y bajo su umbral.

"Brahmín, tú llevas una vida desdeñable y tu fin será lastimoso. Tú serás el primero en ser visitado por la destrucción.

TRES ARHATS

TRES Arhats persistentemente le suplicaron a Buda que les demostrara su poder de hacer milagros. El Buda le asignó a cada uno un cuarto obscuro y los encerró allí.

Luego de un tiempo considerable el Bendito los llamó y les preguntó que habían visto. Cada uno relató diferentes visiones.

Mas el Buda dijo, "Ahora uno debe estar de acuerdo que los milagros no tienen ninguna utilidad debido a que no ha sido percibido el milagro supremo. Ya que ustedes pudieron haber sentido la existencia más allá de lo visible. Y esta sensación los pudo haber llevado más allá de los límites de la Tierra. Pero ustedes insistieron en creer que estaban sentados en la Tierra y sus pensamientos atrajeron ondas de los elementos de la Tierra. El agrandamiento de las imágenes elementales evoca cataclismos en diferentes regiones. Ustedes a las rocas las hicieron añicos y destruyeron navíos en la tempestad.

"Ustedes, por ejemplo, han visto a la bestia roja con inflamada cresta. Mas el fuego de los abismos evocado por ustedes destruyó las casas de los indefensos. ¡Vayan y ayuden!

"Ustedes vieron al lagarto con cara de doncella. Ustedes empujaron las olas que hundieron los botes de los pescadores. ¡Apresúrense a prestar ayuda!

"Y ustedes vieron volar a las águilas y el torbellino destruyó la cosecha de los agricultores. ¡Vayan y paguen lo que hicieron!

"¿Dónde, entonces, está su utilidad, Arhats? El búho en el hueco del árbol ha aprovechado mejor su tiempo. O ustedes trabajan en la Tierra con el sudor de su frente o en el momento de aislamiento y retiro encuentran exaltación que los transportará por sobre la Tierra. ¡Pero no hagamos que la invocación de los elementos sea la ocupación de un sabio!"

Verdaderamente, la pluma que cae del ala de un pequeño pájaro crea tempestades en los mundos distantes.

EL PASTOR Y EL SANNYASIN

UN pastor miraba a un hombre que estaba sentado bajo un árbol en meditación. Sentándose al lado del hombre, el pastor empezó a imitar al hombre. El pastor entonces, empezó a contar sus cabras y mentalmente a imaginarse las ganancias por la venta de la lana. Ambos estaban sentados en silencio.

Finalmente el pastor dijo, "¿Señor, en qué estabas pensando?"

"En Dios," respondió el hombre.

El pastor preguntó, "¿Sabes en qué estaba yo pensando?"

"También en Dios."

"Te equivocas. Pensaba en las ganancias por la venta de mi lana."

"Verdaderamente, también en Dios. Pero mi Dios no tiene nada con que regatear. El tuyo primero debe ir al mercado. Tal vez en el camino Él podría toparse con un ladrón que lo ayude a retornar a éste árbol."

Así habló Gautama.

"Anda al mercado. Piensa rápido para que puedas regresar."

EL MERCADER DE MONOS

EN un barco viajaba un mercader de monos. Cuando no tenía nada que hacer les enseñaba a imitar a los marineros cuando éstos desplegaban las velas. Comenzó una tormenta y los marineros se apresuraron a bajar las velas. Los monos, sabiendo únicamente como desplegar las velas, siguieron a los marineros y las izaron nuevamente. El barco se hundió porque el entrenador sólo previó el buen tiempo.

Así hablaba el Buda, el Restaurador del Loto de la Vida.

PARÁBOLA SOBRE AQUEL QUE PREGUNTABA

DGULNOR era considerado el más sabio. Él tuvo la felicidad de encontrar un Maestro que vino de las Sagradas Tierras Subterráneas, pero que estaba privado de su lengua y de su mano derecha. El discípulo, aspirando constantemente, le hizo una pregunta al Maestro y éste inclinó la cabeza. El discípulo hizo dos preguntas y el Maestro se inclinó dos veces. Pronto el discípulo hizo muchas preguntas y el Maestro inclinaba la cabeza incesantemente. Las preguntas continuaron por tres años y por tres años el Maestro inclinó su cabeza.

"Entonces de acuerdo con tu experiencia podría pasar cualquier cosa."

Y el Maestro no sólo que inclinó la cabeza sino que hizo una reverencia hasta topar el suelo y abriendo sus vestidos en el pecho, descubrió en su seno la imagen del Bendito en actitud de ofrendar con sus dos manos. Así fue afirmada la sabiduría y exaltada la creación de la vida.

LA RUEDA DE LA LEY

EL Bendito contó la parábola acerca de la Rueda de la Ley. Un hombre santo se acercó donde un hábil copista y le dio la tarea de copiar una apelación al Señor para lo cual él trajo suficiente pergamino. Inmediatamente después, vino un hombre con el pedido de copiar una carta llena de amenazas y también entregó pergamino urgiendo que el trabajo fuera terminado rápidamente. Para poderle dar preferencia a la carta, el copista cambió el orden en que había recibido los trabajos y empezó con la carta y en su prisa lo hizo usando el pergamino del primer trabajo. Aquel de la amenazas estuvo complacido y corrió a repartir su veneno.

Luego vino el primer cliente y mirando el pergamino dijo, "¿Dónde está el pergamino que le entregué?" Al escuchar lo que había ocurrido dijo, "El pergamino para las oraciones portaba la bendición del logro, mientras que el pergamino de las amenazas fue desprovisto de su efecto.

"Hombre desleal. Al violar la ley de las fechas tú has privado a la oración del poder que pudo haber ayudado al enfermo. Pero por encima de esto, tú has desatado amenazas llenas de consecuencias que nunca se han visto. Se ha desperdiciado la bendición de los Arhats dada al pergamino. Desperdiciada está la labor del Arhat que despojó al mal de su poder. Tú liberaste una maliciosa maldición en el mundo. Inevitablemente ésta reaccionará sobre ti. Tú has sacado del camino la Rueda de la Ley y ésta no te guiará sino que truncará tu camino."

No escribas leyes sobre pergaminos muertos que serán robados por el primer ladrón que se acerque. Lleva las Leyes en el espíritu y el aliento de la Benevolencia llevará ante ti la Rueda de la Ley iluminando tu sendero. El irresponsable copista podría traer catástrofe sobre el mundo entero.

EL SENTIDO DE LA NECESIDAD

¿DÓNDE se originó la controversia entre el Buda y Devadatta?

Devadatta preguntó, "¿Desde dónde empieza cada acción?"

El Bendito respondió, "Desde lo más necesario. Porque cada momento contiene su necesidad y a esto se lo llama justicia en la acción."

Devadatta insistió, "¿Cómo se averigua la evidencia de la necesidad?"

El Bendito contestó, "El hilo de la necesidad cruza por todos los mundos pero cualquiera que no pueda reconocerlo permanecerá dentro de un abismo peligroso sin protección contra las piedras."

Así Devadatta no pudo distinguir la línea de la necesidad y ésta obscuridad se interpuso en su camino.

EL BUSCADOR DEL BUDA

UN hombre puro deseaba ver al Buda. Por mantener su atención sobre una amplia variedad de objetos sus manos no abrazaban sabias imágenes y sus ojos no penetraban en objetos de reverencia — la manifestación no llegaba.

Finalmente, el buscador, inclinándose en oración, sintió como el hilo de una telaraña descendía sobre su frente. Él se la sacudió. Entonces sonó una fuerte voz, "¿Por qué rechazas Mi mano? Mi Rayo te ha seguido. Permíteme abrazarte."

Entonces la serpiente-sol se puso a temblar en el hombre y éste empezó a buscar el hilo rechazado momentos antes. Y en sus manos el hilo se convirtió en cuarenta perlas. Y cada una tenía la Imagen del Buda. En su centro una piedra y sobre ella una inscripción, "Valor —desesperanza-júbilo."

El seguidor de Buda recibió júbilo ya que el sabía el sendero que lo conduciría hasta allí.

AL GRAN ILUMINADO

UN discípulo se acercó a Aquel de Gran Iluminación buscando un milagro, "Luego del milagro, tendré fe."

El Maestro sonrió tristemente y le reveló al discípulo un gran milagro.

"Ahora," exclamó el discípulo, "Estoy listo para pasar por los escalones de la Enseñanza bajo tu guía."

Mas el Maestro, señalando la puerta, dijo: "¡Ándate! Ya no te necesito."

EL RESCATE DEL HOMBRE

EL Bendito se sentó sobre las aguas de un lago profundo. En las profundidades uno podía discernir todo un mundo de peces y de algas marinas. El Bendito notó como este mundo asemejaba a palacios dignos de reyes. "Si un hombre se hunde aquí, con las plantas de sus pies destruiría estos efímeros palacios, pero él se ahogaría. De profundidades como estas el espíritu del hombre no se levanta.

"Mas," sonrió el Maestro, "hay remedio para todo. Uno puede romper la roca y drenar el lago. Los caracoles o se secarían o tendrían que encontrar otro lugar de existencia. Pero el hombre no perecería. "La cuna de un infante es como la concha de un caracol. Den aire a los niños. No les permitan que ansíen los objetos de sus congéneres, tampoco permitan que los niños salgan al encuentro del sol con una estela de andrajos."

PARÁBOLA DEL REY DE MARAGOR

ASÍ habló el Bendito a Narada:
El Señor de Jataka dijo a su consejero favorito, "¿Conoces tú el trabajo del Rey de Maragor? ¿Has escuchado su nombre? ¿Te son sus hechos familiares?"

El consejero, mirando detenidamente, susurró, "¡Señor, este maligno nombre es impronunciable! Toda la obscuridad oculta las huellas de sus actos."

"Te doy una misión. Reúne cien hombres dignos de confianza e ingeniosamente encuentra medios para cruzar los dominios de Maragor. Me describirás todas sus costumbres minuciosamente. Y si encuentras al mismo Rey, le dices que yo no temo pronunciar su nombre."

Pasaron diez años. El consejero retornó, más sabio en semblante pero lleno de confusión. Ahora no fueron cien los que lo acompañaron sino mil.

"Señor, pasé mucho trabajo, aquí hay mil testigos para decírtelo. Pero la tarea no ha sido cumplida. Nosotros preguntamos sin parar a la gente; incontables los países a los que viajamos. Te digo, Señor, lo más sorprendido — ¡el Rey de Maragor no existe ni tampoco sus malvadas costumbres!"

"Bien," dijo el Señor. "¿Podrías jurarlo?"

"Ante ti hay mil y un testigos que juran."

"Entonces toma a tus testigos y visita todas las plazas y templos. Proclama e inscribe en los pilares lo que acabas de decirme. Hijo mío, cumple tu misión. Con tu trabajo liquidaste a la bestia de la obscuridad. El fantasma del miedo desapareció ya que nadie teme aquello que le es conocido. Maragor es revelado como el miedo de la humanidad y es aniquilado por el trabajo del valor y la devoción. Sé mi hijo; ¡tú has destruido la obscuridad!"

PRECEPTOS DEL SOBERANO DE RAJAGRIHA

UNA vez el Bendito visitó al Soberano de Rajagriha. El Soberano pidió que se notara lo inmaculado del salón de recepciones. Mas el Bendito dijo, "Es mejor mostrar la limpieza de tus dormitorios, de tu cuarto de baño y de tu corazón. El salón de recepción está contaminado por muchas personas indignas. Mas los lugares donde es creada tu conciencia, deben estar inmaculados."

Y el Bendito dijo, "Discrimina entre aquellos que entienden y aquellos que sólo están de acuerdo. Aquel que entiende la Enseñanza no esperará para aplicarla en la vida. Aquel que sólo está de acuerdo se inclinará y exaltará a la enseñanza señalándola como una sabiduría asombrosa pero no aplicará su sabiduría en la vida. Muchos la han aceptado, mas no han rendido frutos y no dan sombra al igual que un bosque marchito. Sólo descomposición les espera a ellos.

"Son pocos los que entendieron pero como esponjas beben el preciso conocimiento y están prestos a limpiar los horrores del mundo con el sagrado líquido. Aquel que entiende no puede hacer otra cosa sino aplicar la Enseñanza, ya que al darse cuenta de la meta idoneidad la acepta como una solución de vida. No pierdas el tiempo con aquellos que sólo están de acuerdo; primero que demuestren la aplicación de la primera llamada."

Así se le atribuye al bendito la actitud de la meta-idoneidad respecto de los recién llegados.

DE LA VIDA DE CRISTO

LA ESTRELLA

¿CUÁL fue la estrella que guió a los Reyes Magos? Por supuesto que fue el Mandato de la Hermandad: Dar la bienvenida a Jesús, protegerlo y traer algo de recursos a la pobre familia.

Nosotros caminamos sobre toda la faz de la Tierra sin saber el sitio exacto. Las órdenes del Serafín señalaron nuestro camino o nos condujeron día a día. Cuando escuchamos, "¡Está cerca!", nosotros habíamos perdido de vista toda población. ¿Podría uno esperar un milagro sin precedente como la Anunciación en medio de boñiga de camello y rebuznos de burros? El pensamiento humano trató de localizar al futuro profeta tal vez cerca de un templo o al menos de murallas majestuosas.

Nosotros recibimos la Orden de detenernos en un humilde hospedaje. Nos detuvimos a pasar la noche en una casa de techo bajo con paredes de barro. Una fogata y una lámpara de aceite llenaban el cuarto con un rojo resplandor. Luego de nuestra cena notamos que una sirvienta vaciaba lo que quedaba de leche en una jarra. Le dijimos, "No está bien que la guarde."

Mas ella dijo, "Pero no es para Ustedes, Oh, Señores sino para una pobre mujer. Aquí, detrás de estas paredes vive un carpintero. Recién le nació un hijo."

Apagando el fuego, nos postramos y preguntamos, "¿Tenemos que ir más lejos?"

Vino la respuesta, "Más cerca que lo más cerca. Más bajo que lo más bajo. Más alto que lo más alto." Sin entender el significado imploramos por una Orden, mas se nos dijo, "Que los oídos escuchen."

Nos sentamos en la obscuridad en silencio. Y escuchamos como en alguna parte, más allá de la pared un niño empezó a llorar. Empezamos a buscar la dirección desde dónde venía el llanto y escuchamos a una madre cantando una canción de cuna escuchada con frecuencia en los hogares de los labradores:

"No importa que la gente piense que eres un labrador, mas yo se, mi hijo, tú eres un rey. Quien te salve, estará apartando la mejor semilla, la más fructífera. El Señor llamará a mi pequeño y dirá, "Tu semilla solo ha glorificado Mi banquete. Siéntate conMigo, rey de las semillas más valiosas.'"

A medida que escuchábamos esta canción tres golpes resonaron en el techo. Nosotros dijimos, "Iremos allí en la mañana."

Antes del amanecer nos pusimos los mejores trajes y le rogamos a la sirvienta que nos guiara en dirección del llanto.

Ella dijo, "Los Señores desean visitar a la familia del carpintero. Será mejor que los lleve dando un rodeo ya que aquí uno debe pasar por los corrales de las vacas."

Recordando la Orden escogimos el camino más corto.

Allí, detrás del comedero de las vacas, había una vivienda muy pequeña arrimada contra la roca. Aquí cerca de la chimenea estaba una mujer y en sus brazos — Él. ¿Qué señales lo acompañaban? El estiró su mano y en la palma tenía una señal roja. Sobre esta señal colocamos la perla más preciosa que habíamos traído.

Entregando los tesoros y objetos sagrados, le advertimos a la madre de la necesidad de marcharse de inmediato y retornamos cruzando por el mismo corral.

Cuando nos marchábamos la madre dijo, "Ves, mi pequeño, Tú eres el Rey. Coloca este diamante sobre la frente de tu corcel."

Partimos teniendo en mente la señal del la estrella roja sobre la palma de la mano. Entonces, también, se había dicho, "Recuerden el día de la estrella roja sobre la frente del guerrero."

EL CAMINO DE CRISTO

ASÍ empezaremos la historia de Su vida y que sus palabras, sin mutilación alguna, se inscriban sobre la Tierra.

Por treinta años Él caminó repitiendo la palabra e impartiéndola a aquellos que no la habían recibido. En los cruces de los caminos Él aprendió las Enseñanzas de Buda, de Zoroastro y también aprendió las antiguas escrituras de los Vedas. Percibiendo a los de ojos puros Él preguntaba, "¿Sabes tú algo acerca Dios?" En los ríos Él esperaba a los pasajeros de las barcazas y les preguntaba "¿Aceptarías algo de Mí?" Es que era necesario que Él caminara con pies humanos y preguntara con palabras humanas.

Cuando se le dijo acerca de las estrelladas señales Él pidió conocer sus veredictos; mas el alfabeto no Le atraía; la gente no existía para esto. "¿Cómo puedo calmar la devastadora tormenta? ¿Cómo puedo revelar el cielo a los hombres? ¿Por qué ellos se encuentran separados de la existencia eterna a la que pertenecen?"

Tal enseñanza de la esencia de la vida eliminó los métodos mágicos ya que, en lugar de ganar el servilismo de los espíritus menores de la naturaleza, Él arrasó todos los obstáculos con la espada de Su espíritu. Su enseñanza guió a la gente hacia las posibilidades del espíritu. Por esta razón no existieron profetas cerca de Él sino sólo por las estrellas es que uno sabía de Él.

Nosotros sabíamos mucho pero Él era totalmente-capaz. Entonces resolvimos servirle a Su Enseñanza.

EL ARRIBO DE CRISTO

RECORDEMOS el día de la más triste ofrenda — La de Cristo, que únicamente dio, sin aceptar nada. Esta determinación desde una temprana edad lo llevó a Él a través de un desierto abrasador. Y sus pies se quemaron como aquellos de un simple cochero.

Nosotros Lo esperamos. Pero como de costumbre, el momento de su llegada era imprevisto. Se me había traído un caballo y Yo me estaba despidiendo de mi familia cuando un sirviente divisó un viajero en harapos. Su cara delgada estaba pálida y su pelo colgaba ondulado hasta más abajo de Sus hombros. Su cuerpo estaba cubierto sólo con una tela para costales. Ni siquiera vi un recipiente para agua. Mi esposa fue la primera que salió a recibirLo y cuando después le pregunté por qué había corrido para encontraLo, me dijo, "Sentí como si una estrella brillaba en mi seno y el calor, hasta el dolor, estalló en rayos."

A medida que el Viajero se aproximaba a la tienda se notaba Su exaltación. Entonces, entendí Quién había llegado.

Luego de haber cruzado el desierto Él consumió únicamente un pan de maíz y una taza de agua. De pronto preguntó, "¿Cuándo partimos?"

Yo respondí, "Cuando las estrellas lo permitan."

Y Él esperó las señales de las estrellas. Él únicamente repetía en silencio, "¿Cuándo?"

Y señalando la estrella dije, "Hay sangre en Piscis."

Él sólo asintió.

Así, Esperamos por tres años. Y la luz de la estrella brilló sobre Nosotros. Recuerdo que Él habló algo de una visión de Luz en la que un niño Le trajo una espada. Y cuando la Luz, como un arco iris, cayó sobre Él, una Voz sin sonido le ordenó partir. Se me dijo que Lo acompañara, donde Yo mismo no podía entrar todavía.

Partimos en la noche en un camello blanco. Y viajando en las noches llegamos a Lahore donde encontramos, aparentemente esperándonos, a un seguidor de Buda. Nunca había visto una decisión como esa ya que Nosotros estuvimos en Nuestro camino por tres años. Lo esperamos y Lo Llevamos al Jordán. Nuevamente su cuerpo estaba cubierto con una tela blanca para costales. Y nuevamente Él partió solo con el Sol de la mañana.

Y un arco iris brilló sobre Él.

LOS SIGNOS DE CRISTO

LA estrella de Allahabad señaló el camino. Y así Nosotros visitamos Sarnita y Gaya. En todas partes encontramos profanada la religión. A nuestro regreso, bajo la luna llena, ocurrió la memorable frase de Cristo. Durante la marcha nocturna el guía perdió la dirección. Luego de buscar a Cristo, Lo encontré sentado sobre un montículo mirando la arena inundada con el resplandor de la luna.

Yo Le dije, "Hemos perdido Nuestro camino. Tenemos que esperar la señal de las estrellas."

"Rossul M., ¿Qué es un camino para Nosotros cuando el mundo entero Nos está esperando?"

Entonces tomando su vara de bambú dibujó un cuadrado donde puso Su Pie y lo bordeó con la vara en la arena, diciendo, "Verdaderamente, Yo digo, con pies humanos."

Entonces hizo una impresión de su mano en la arena a la que también la rodeó con un cuadrado, "Verdaderamente, con manos humanas."

Entre los cuadrados Él dibujó algo que se asemejaba a una columna montada sobre un arco.

Él dijo, "¡Oh, cómo penetrará AUM en la conciencia humana! Aquí he dibujado un pistilo y sobre él un arco y he establecido los cimientos en cuatro direcciones. Cuando, con pies y manos humanas, el Templo sea construido en el lugar que florezca el pistilo puesto por Mí, entonces dejen a los constructores pasar por Mi camino. ¿Por qué Nosotros tendremos que esperar el camino cuando éste está ante Nosotros?"

Entonces levantándose, borró todo lo que Él había dibujado.

"Cuando el Nombre del Templo sea pronunciado, entonces emergerá la inscripción. En recuerdo de Mi constelación, el cuadrado y nueve estrellas brillarán sobre el Templo. La señal del pie y de la mano será inscrita sobre la Piedra angular."

Así habló Él en la víspera de la Luna Nueva.

El calor del desierto era mucho.

LA HISTORIA DE MARIA MAGDALENA

TÚ conoces mi estilo de vida, cómo en la noche se acercan a nosotras y durante el día desvían su mirada. Así mismo con Cristo. En la noche se le acercan y durante el día desvían su mirada.

Pensé: "Aquí estoy yo, la más baja y durante el día ellos se avergüenzan de mí. Pero Él, el profeta más elevado, también es evitado durante el día. Así, el más elevado y la más baja son igualmente evitados."

Así que decidí encontrarlo durante el día y extender mi mano hacia Él. Me vestí con mis mejores vestidos y con mi collar de Esmirna y perfumé mi pelo. Y salí a buscarlo, diciéndole a la gente, "Aquí de día se encuentran lo más bajo y lo más elevado, igualmente evitados por ustedes."

Y cuando Lo vi a Él sentado entre pescadores con ropas de tela para costales, permanecí al otro lado y no me atreví a acercarme. Entre nosotros la gente pasaba, evitándonos a los dos. De esta forma mi vida quedó determinada. Porque Él le dijo a su discípulo más amado, "Toma este pellizco de polvo y llévaselo a esa mujer para cambiarlo con su collar. Verdaderamente en estas cenizas hay más vida que en sus piedras preciosas, ya que, de cenizas crearé piedras preciosas mas de piedras preciosas sólo polvo."

El resto ustedes ya lo conocen. Porque Él no me condenó. Él pesó mis cadenas y las cadenas de la vergüenza se desintegraron como polvo. Él simplemente decidió. Él nunca titubeó al enviar el objeto más simple con el que determinó completamente la vida de una. Él tocó lo que envió como bañándolo en espíritu.

Su camino estaba vacío porque la gente, luego de recibir sus regalos, partía apresuradamente. Y deseando posar sus manos, Él encontró sólo vacío. Cuando Él ya estaba condenado, las furias de vergüenza se precipitaron detrás de Él y burlonamente blandieron sus ramas. El precio de un ladrón fue digno de la muchedumbre.

Ciertamente Él partió en dos las cadenas porque Él confirió conocimiento sin aceptar recompensa.

LOS ESCRIBAS

CAYÓ la noche. Cristo se sentó en el umbral.
Pasó un escriba y preguntó, "¿Por qué estás en el paso?"

Cristo respondió, "Porque Yo soy el umbral del espíritu. Si tu quieres pasar, lo tendrás que hacer a través de Mí."

Otro escriba preguntó, "¿Es verdad que el hijo de David se sienta con los perros?"

Cristo respondió, "Ciertamente que estás difamando a David, Mi Padre."

Se puso obscuro y otro escriba preguntó, "¿Por qué estás sentado allí como si estuvieras temeroso de tu casa?"

Cristo respondió, "Estoy esperando que la obscuridad de la noche me libere de verte. Verdaderamente, obscuridad, parte a la obscuridad."

Entonces levantándose, Él señaló al Monte Moria en donde estuvo situado el Templo y dijo, "Mi abuelo creó el Templo de piedra pero Él se sienta bajo el lino de la tienda."

El escriba dijo, "Hombre desquiciado, Él cree que Salomón vive todavía." Y ellos partieron en ignorancia.

Luego después María salió de la casa y viendo a Cristo dijo, "Maestro, comparte nuestro alimento nocturno."

Cristo respondió, "El regalo del corazón brilla en la obscuridad."

EL INTERROGADOR DEL SANEDRÍN

UN miembro del sanedrín le preguntó a Cristo:
"¿Te Acercarías a nosotros si te lo pidiéramos?"
Cristo respondió:
"Mejor iría a un cementerio ya que allí no hay mentiras."

Un miembro del sanedrín le preguntó a Cristo, "¿Por qué Tú no nos reconoces si incluso Tu padre estuvo casado con uno de nuestros miembros?"

"Espera hasta que tu casa se desmorone; entonces Me acercaré."

"A que has venido - ¿a destruir o a construir?"

"No he venido a destruir, tampoco a construir sino a purificar. Porque no he de retornar a la antigua Tierra."

"¡Por qué, entonces, no respetas a tus antepasados!"

"Se han dado nuevas copas para el banquete. Si se respetara al abuelo, uno no necesitaría tomar de esta copa."

LOS OJOS — HERIDAS ABIERTAS

LE mostraron a Cristo una imagen de tierras lejanas. Sobre la palma de la mano y de los pies tenía unos ojos abiertos. Uno preguntó, "¿No es esto superstición? ¿Puede uno ver a través de las manos y las plantas de los pies?"

El Maestro dijo, "Verdaderamente nosotros aprendemos a ver por la mano y el pie. ¿Sabrá el holgazán la esencia de las cosas? ¿Cómo expresaremos nuestras conclusiones si no aplicáramos nuestras manos? Y por nuestros pies el espíritu pisa por la Tierra."

Luego, el Maestro añadió, "Los Sabios nos dieron esta imagen para que recordáramos la naturaleza de las cosas."

Y también añadió, "¿No son los ojos como heridas abiertas? Verdaderamente, verdaderamente, a través de las heridas abiertas llega la luz."

LA MADRE DEL MUNDO

LA MADRE DEL MUNDO

LA Madre del Mundo esconde su Cara.
La Madre del Mundo cubre Su Rostro con un velo. La Madre de los Señores no es un símbolo sino una Gran Manifestación del Origen Femenino en el que es revelada la Madre espiritual de Cristo y Buda — Ella, Quien Les enseñó y Les ordenó el logro.

Desde tiempos inmemoriales la Madre ha ordenado el logro. A través de la historia de la humanidad Sus Manos le sigue el rastro al irrompible hilo. Su voz sonó en el Sinaí. Ella asumió la imagen de Kali. Búscala detrás de Isis e Ishtar.

Después de la Atlántida, cuando Lucifer golpeó al culto del espíritu, la Madre del Mundo empezó un nuevo hilado.

Después de la Atlántida, la Madre del Mundo veló Su Imagen y prohibió la pronunciación de Su Nombre hasta que llegue la Hora de las Constelaciones.

LA REFULGENCIA DE LA MADRE DEL MUNDO

EL aura púrpura de la Madre del Mundo nos baña. ¿Quién no se inclinará en reverencia? ¿Quién La desafiará?

Entre los tesoros predestinados, Sus lustrosos adornos están custodiados. Su Enseñanza brilla como un Loto púrpura.

Que el dolor en el centro del plexo solar se vincule con Sus Días.

Que los nuevos rollos de la Serpiente se desenrollen durante Sus Días. Que las trompetas proclamen Su Hora.

¡Madre del Mundo, ignora el desierto, porque las flores están detrás de Ti! ¡Madre del Mundo, mira sobre las Montañas, porque ellas brillan con Tu Fuego!

Los despreciables han partido. Las hordas se están levantando.

Nuevos milagros. Nuevos portadores. Y sobre la destrucción de las murallas se eleva la voz, "¡La Madre se acerca!"

¡Madre de Buda! ¡Madre de Cristo! ¡Inspira a Tus Hijos!

Aunque me caiga una roca, yo sabré que viene de Tus Pisadas.

Así inundaremos el espacio.

LA ORDEN

Y por encima de todas las órdenes habladas resuena la Orden Silenciosa — Toda-penetrante, Inmutable, Indivisible, Irrevocable, Refulgente, Toda-dadora, Impronunciable, Irrepetible, Invulnerable, Inexpresable, Eterna, Inaplazable, Iluminadora, Manifestada en Relámpago.

Aquí están dos Órdenes — en los confines del Mundo están los Señores Cristo y Buda. Y la Palabra de Ellos es una espada fulgurante. Sobre Ellos se manifiesta una Orden Silente.

Por sobre Ellos está Ella, La Que Veló Su Rostro; Ella, Quien Tejió la Red de los mundos lejanos; Ella, la Mensajera de lo Indecible, La Soberana de lo Intangible, la Conferidora de lo Irrepetible.

Por tu Orden está el Océano Silenciado y los torbellinos dibujan las señales invisibles.

Y Ella La Que Veló Su Rostro permanecerá Sola en Vigilia, en medio del Esplendor de Sus Señales.

Y nadie ascenderá a la Cima. Nadie será testigo de la Refulgencia del Dodecaedro, el Símbolo de Su Poder.

Del espiral de la Luz, Ella Misma ha tejido el Símbolo en Silencio. ¡Ella, La Guía de aquellos que se dirigen hacia el logro!

Los cuatro cuadrados del signo de la afirmación están concedidos por Ella sobre aquellos que están determinados a alcanzar el éxito.

EL JUEGO DE LA MADRE DEL MUNDO

¡QUÉ grandioso es el juego de la Madre del Mundo! Ella llama a sus niños desde campos muy lejanos: "¡Apúrense, niños! Deseo enseñarles. Tengo ojos agudos y oídos alertas listos para ustedes.

"¡Siéntense sobre Mi vestido! ¡Aprendamos a remontarnos!"

EL ESCUDO ARDIENTE

LA Madre del Mundo ha proclamado:
"¡Vientos, reúnanse! ¡Nieves, reúnanse! ¡Pájaros, deténganse! ¡Bestias, retrocedan!

"¡Ningún pie humano deberá dejar su rastro en Mí Cima! ¡La audacia de los tenebrosos no vencerá! ¡La luz de la luna no perdurará! ¡Mas el rayo de sol tocará la cumbre! ¡Sol, protege Mí Cima! "Porque sino ¿dónde mantendré mi Vigilia?

Las bestias nunca ascenderán. Tampoco perdurará el poder humano. Ella Misma, la Madre de todos los Seres, mantendrá Su Vigilia, con un ardiente escudo.

¿Qué es lo que brilla sobre la Cumbre? ¿Por qué los torbellinos ensamblaron una corona resplandeciente? Ella, la Grandiosa Madre, en soledad, ascendió a la Cumbre. Y nadie deberá seguirla.

EL VELO ARDIENTE

SOBRE la cima más alta, permanece refulgente la Madre del Mundo.

Ella vino para acabar con las tinieblas.

¿Por qué caen los enemigos? ¿Y dónde, en desesperación, dirigirán ellos su mirada?

Ella se ha ocultado en un manto ardiente y se ha rodeado de una muralla ardiente.

Ella es nuestro Bastión y nuestro Esfuerzo.

APOLONIO DE TIANA

LA VISITA DE APOLONIO AL NORTE DE LA INDIA

La anécdota conservada de la vida de Apolonio contiene el relato de su visita al norte de la India. Se da una descripción precisa y detallada de las ciudades, los sitios y la gente; pero se pasa por alto completamente el significado de su visita.

Verdaderamente, Apolonio de Tiana fue conocido como un amante de los viajes distantes. Pero esto no explica en casi nada sus viajes. Cuando era joven, Apolonio escuchó de alguien, que sabía y coleccionaba cuentos extraños, acerca de la existencia de la Morada de la Hermandad. Él no le puso mucha atención a esto. Pero después, cuando supo más y tuvo más discernimiento, recordó lo que escuchó en su juventud y desde el fondo de su espíritu decidió visitar el norte de la India. Él tenía un amigo, un gran científico, quien había recibido muchos grados de iniciación. Y hacia él se dirigió Apolonio por consejo. El anciano se puso pensativo y prometió obtener información. Y así, luego de un año, llegó la respuesta. El anciano le dijo a Apolonio:

"Amigo mío, verdaderamente que la felicidad está contigo. Ellos me escribieron diciéndome que te puedes preparar para tu viaje. Mi amigo te encontrará en Cachemira. Considero que él te dará las direcciones necesarias. Así, pues, prepárate para el viaje.

El viaje de Apolonio fue largo. En su camino encontró

mucha gente. Uno de los que encontró, suponiendo las intenciones de Apolonio, dijo, "Te puedo ser útil. Aquel a quien estás buscando Me es conocido. Te ruego que uses mi casa cuando llegues a Gandhara." Y el extraño le dio a Apolonio un cofre.

Apolonio nunca supo el nombre del extraño. Al llegar a Taksila, Apolonio encontró la morada del extraño y aproximándose a la puerta la golpeó con el aldabón. La puerta se abrió y un joven hindú invitó a Apolonio a entrar. Allí fue que Apolonio recordó que no sabía el nombre del anfitrión que lo había invitado. El portero evidentemente estaba a la espera. Para explicar su presencia, Apolonio le mostró el cofre. El portero haciendo un ademán, dejó a Apolonio en una habitación donde había una mesa y dos sillones. Instantes después, la puerta se abrió y al cuarto entró un hombre alto, vestido con un caftán con una insignia de comandante de caballería. Dijo que era hermano del anfitrión y como si supiera el propósito de la visita de Apolonio, dijo, "Mi gente te acompañará mañana."

A la mañana siguiente, en el patio, Apolonio vio algunos guerreros y caballos. Ellos se pusieron en camino apurándose hacia las montañas del norte.

Allí los guerreros dejaron a Apolonio.

LA DESAPARICIÓN DE APOLONIO

EN la biografía de Apolonio, el relato de su desaparición está mutilado. Pero quedan restos de evidencia de su pupilo, Callicratus, respecto del último viaje del Maestro.

Apolonio empezó a escuchar unas voces que le pedían retornar a aquellas mismas riberas de donde él una vez partió hacia el gran enriquecimiento de su espíritu. Hablando con su pupilo Callicratus, el Maestro, sin revelar el objetivo de su viaje, le pidió partir inmediatamente. A medida que se aproximaban a la Cueva donde al Gran Maestro se le concedió la iniciación por los Arhats, se les acercó un anciano alto. El anciano conversó por un largo tiempo con Apolonio. Callicratus escuchó sólo las últimas palabras del anciano, "Si tú has decidido aceptar el cáliz del Apostolado de la Enseñanza, no te tardes,"

Cuando el anciano desapareció por los recovecos de la cueva, Apolonio le pidió a Callicratus que recogiera rápido bastante madera, de la fragante y la amontonara como un lecho en la cueva. Él también le indicó a Callicratus que cuando escuchara una voz, emitida desde la bóveda de la cueva, le prenda fuego a la madera, sin mirar hacia adentro; luego partir de prisa hacia las costas de Grecia, olvidando lo que había ocurrido.

Acto seguido el Maestro se sumergió en algo que parecía un sueño. Callicratus se sentó sin moverse atendiendo el fuego, hasta tarde en la noche, cuando arriba, debajo de la bóveda se escuchó grandemente la reverberante voz del Maestro:

"Y así, de tal modo, Yo no he muerto, pero voy a aceptar el cáliz del Apostolado."

Inmediatamente después, Callicratus cumplió todo lo que le habían pedido; y él intentó llevarse estos testimonios hasta la tumba.

DE LA VIDA DE
SAN SERGIO DE RADONEGA

LA PROCLAMACIÓN DE LA MADRE CELESTIAL

(Un Incidente en la Vida de San Sergio)

HA llegado la hora de divulgar lo más Importante — la visión de gloria de la Madre Celestial.

¿Será posible que la grandiosa visión predestinada sea silenciosa?

¿Será posible que el temblor del espíritu y la venerable cabeza no sea el resultado de esta grandiosa proclama?

La Madre Celestial dijo, "Mi Hora ha llegado, ahora que mi Estrella Celestial se está acercando hacia la Tierra. Entonces tú tendrás que cumplir el sacramento de las fechas.

"Y los despreciados serán los salvadores. Y el conquistado liderará a los victoriosos. Y tres raíces hendidas por una maldición serán tejidas con amor. Y ellas serán lideradas por un Mensajero que no es de su raza.

"Hasta entonces los tártaros y los judíos serán maldecidos y ellos maldecirán el suelo ruso. Y cuando tus huesos sean esparcidos, se cumplirá la fecha de las tres maldiciones.

"E invisiblemente visible, tú serás entronizado, adornado en tu corona y en tu anillo con sello. Y allí donde tú pongas Tu Sello estará Mi Mano. Y la de los Señores.

PROVERBIOS DE SERGIO

"SI uno escucha la voz de su espíritu, este será llevado sobre el precipicio." Así habló Sergio.

"Y aquel que parte hacia la jungla no podrá escuchar lo que dicen los humanos. Y aquel que se duerme no escuchará a los pájaros, heraldos del sol.

"Y aquel que está en silencio ante un milagro manifiesto se le castigará con su vista. Y aquel que se abstiene de ayudar a su hermano no sacará la espina de su pie." Así habló Sergio.

A donde Sergio llegó el Santo Alexis, quien preguntó, "¿Qué hay que hacer?"

Sergio respondió, "¡Ayuda al Suelo ruso!"

Cuando los campesinos le preguntaron a Sergio, "¿Qué tenemos que hacer?" Él contestó, "¡Ayuden al Suelo ruso!"

Cuando Minin le habló a Sergio, la respuesta fue:

"¡Ayuda al Suelo ruso!"

LAS CONGOJAS DE SERGIO

CANOSA es su barba. El Resplandeciente Espíritu Lo asiste sirviéndole. Y ya el poderoso príncipe se ha inclinado ante Él.

Pero si el carro que transporta el pan se demorara, los bienamados hermanos no podrían sostener su fe por una sola hora. La bolsa ajena debería ser vaciada momentáneamente, para que los meritorios y escogidos hermanos estén listos para trocar la maravillosa Beatitud por un centavo ajeno.

Incluso ellos añaden, "¡Tus santos guardianes se han vuelto pobretones!"

Y día a día y noche a noche, ellos esperan — no iluminación sino bienestar del cuerpo."

Alguna vez se dijo de Sergio que, con frecuencia, durante la noche obscura él hacía sus rondas a través de las celdas y encontrándolos a todos profundamente dormidos él iba aún más lejos y tampoco los despertaba. ¡Se esperaba que él encontrara entre ellos a uno en vigilia!

LA PRUDENCIA DE SERGIO

ALGUNAS veces Sergio hablaba de la Montaña Blanca pero nunca dijo donde se encontraba.

Y cuando alguien inesperadamente llamaba a la puerta, los hermanos decían, "¿No es el Abad?"

Decía Sergio, "Sobre la Montaña Blanca viven diversos seres. Cuando tienen necesidad ellos son bicéfalos y tienen cinco piernas, no como nosotros. Sus trineos no son tirados por caballos y si tienen apuro pueden volar."

AKBAR, EL GRANDE

EL MENSAJERO PLATEADO

DEBAJO de un árbol Akbar tuvo una visión.
De repente se le apareció un Mensajero Plateado y dijo, "Por primera y última vez tú, aquí, Me mirarás, como si nunca Me hubiera manifestado. Tú construirás un Reino y allí el Templo del futuro. Como Soberano tú viajarás por los campos de la vida, llevando dentro de tu espíritu el templo del futuro.

"Ciertamente, tú has viajado por largo tiempo el sendero de Dios. Es necesario terminar el modo terrenal. Tú no escucharás Mi Voz. Tampoco verás Mi Luz. Y tú protegerás tu buena disposición para caminar el camino de Dios.

"Mas cuando se aproxime la hora de quitar la tranca a las siguientes Puertas, tu esposa, ordenada a ti por Dios, Me escuchará golpeándolas y dirá, 'Él está a las Puertas.'

"Mas tú Me verás sólo al cruzar el límite. Y cuando tu mujer entre al camino final, ella te contemplará en Mi Imagen. Y tú, se un Rey en la Tierra y de allí en adelante el propietario. Y cuando termines tu ciclo terrenal pon un cerco en el área de tu jardín. Todo aquel que se marche no debería dejar migajas sobre la festiva mesa. Recorre el exuberante sendero y recuerda: mientras más cerca, más lejos. ¡Primero en tormenta, luego en ventarrones, luego en silencio!"

Entonces el Mensajero se iluminó con un brillo plateado y las hojas de los árboles se volvieron translúcidas como arco iris. Y después el aire tembló. Luego todo se puso como estaba antes.

Akbar nunca vio nada nuevamente.

Cuando llegó la hora de la liberación, él y su esposa se regocijaron porque otra fecha se acercaba.

La fecha decretada.

Ya que no existe tumba.

LA AYUDA DEL CIELO

EL Soberano estaba convencido que en toda hora difícil vendría la ayuda del cielo hacia él. Llegó la hora de declararle la guerra al Príncipe de Golconda y el Soberano estaba sorprendido por su decisión. Cuando el ojo del Soberano se posaba sobre el suelo vio una hormiga que llevaba una gran carga. Y la hormiga la soportaba.

Finalmente Akbar exclamó, "¡Por qué uno se debería atormentar con la carga de Golconda!" Y él dio la orden de detener los preparativos para la marcha.

En otro momento el Soberano asistió a la Corte y deseó participar en pronunciar un veredicto. Mas su atención se dirigió hacia el vuelo tembloroso de una mariposa que batía sus alas en contra de una ventana. Y olvidó la palabra que él había cristalizado y pensó, "Que sean los jueces los que cumplan con su deber," diciendo en voz alta, "El día de hoy sólo soy un invitado aquí." Y el veredicto fue piadosamente justo.

Los enemigos de Akbar atentaron contra su vida. Un asesino permaneció detrás de un árbol en el jardín donde el Soberano estaba caminando solo. Una serpiente negra avanzó sobre el sendero y el Soberano se regresó para llamar a sus servidores. Buscando a la serpiente, ellos encontraron al asesino detrás del árbol.

Entonces el Soberano dijo, "La ayuda del cielo se arrastra sobre la tierra. Dejemos que sólo los ojos y los oídos estén abiertos."

LOS COMANDANTES

DE los dos comandantes de Akbar:
Un comandante recibió indicaciones muy explícitas; el otro sólo indicaciones muy fragmentarias. Finalmente el último le dijo a Akbar, "¿Por qué no merezco recibir órdenes explícitas cuando yo he ganado tantas victorias?"

Akbar contestó, "Tu comprensión restringe el fluir de las palabras. Que cada momento ahorrado por ti sea conmemorado con la perla más preciosa."

En consecuencia, el júbilo de aquellos que pueden entender es superior, ahorrando los bosquejos de la fuente.

Añadamos algo acerca del tercer comandante. Él preguntó, "¿Por qué tanto lo prematuro como la tardanza son igualmente condenables?

Akbar contestó, "Amigo mío, no existen valores iguales. Por lo tanto, si lo prematuro comprende habilidad, su mérito es más grande ya que la tardanza está vinculada sólo con la muerte. Lo que es antes de hora va a ser juzgado; mas la demora ya está condenada."

Rodeado y amenazado, Akbar se dirigió a sus comandantes: "Lo menos agitado es la substancia, lo más claro es el reflejo de las cimas."

Luego de pasar revista a su ejército, Akbar dijo: "Una cuarta parte ya ha sido alcanzada. He visto gente satisfecha. Ya veremos el resto luego de un día caluroso, luego de un día de lluvia, luego de una noche sin dormir."

LOS ENEMIGOS

AKBAR, llamado el Grande, consideraba con cuidado a sus enemigos. Su bienamado consejero mantenía una lista de ellos. A menudo Akbar preguntaba, "¿No han encontrado una manera de estar en la lista nombres valiosos? Cuando vea un nombre que valga la pena enviaré mi saludo a este amigo disfrazado."

Y Akbar dijo más adelante, "Me regocija que yo pueda aplicar en la vida la sagrada Enseñanza, que le pueda dar abundancia a la gente y que esté a la sombra de grandes enemigos."

Así hablaba Akbar, sabiendo el valor de los enemigos.

Durante los ataques de los enemigos se le preguntó a Akbar por qué había tantos ataques.

Akbar respondió, "Permítanle también un pasatiempo a los enemigos.

INVISIBLEMENTE VISIBLE

EL historiador de la Corte de Akbar una vez le dijo al Soberano, "Observo un problema insoluble entre los potentados. Ciertos Príncipes se mantienen inaccesibles, alejados del pueblo. Estos fueron destituidos debido a su inutilidad. Otros entraron en la vida diaria de sus súbditos. La gente se acostumbró a ellos y los destituyó por volverse corrientes."

Akbar sonrió. "Eso significa que un Soberano debe mantenerse sin ser visto, mas entrar y dirigir todas las acciones."

"Así disponía el sabio Soberano, prediciendo de ese modo el futuro.

¡Invisiblemente visible!

LEYENDAS Y SABER

UN RELATO DE LA COSMOGONIA

EL relato de la cosmogonía hindú se cuenta como sigue:

Hace mucho tiempo vivió un monstruo mortífero que devoraba a la gente. Una vez el monstruo seguía a su señalada víctima. El hombre, tratando de salvarse se sumergió en un lago. El monstruo lo siguió.

Todavía buscando salvarse, el nadador saltó sobre el monstruo y se agarró fuertemente sobre el lomo. El monstruo no se podía poner de espaldas porque dejaba su estómago desprotegido.

El monstruo empezó a volar furiosamente, pensando que el hombre se cansaría. Mas el hombre pensó que por su desesperada condición, él estaba salvando a la humanidad. Y bajo esta visión universal su fortaleza se intensificó, infatigable.

Mientras tanto el monstruo incrementaba su velocidad hasta que se empezó a formar una estela ardiente. Y en medio de las llamas, el monstruo empezó a subir más allá de la Tierra.

El pensamiento universal del hombre había elevado incluso a su enemigo. Cuando los hombres ven un cometa ellos le agradecen al valiente que se está esforzando por siempre. Los pensamientos de la gente se apresuran donde él, otorgando nuevas fuerzas al jinete del monstruo. Gente blanca, amarilla, roja y negra vuelven sus pensamientos hacia aquel que desde hace mucho tiempo se hizo resplandeciente.

EL MENSAJERO DE LA LUZ

CUENTA una antigua leyenda:
Desde un mundo lejano llegó un Mensajero a otorgar a los hombres Igualdad, Hermandad y Alegría.

Los hombres habían olvidado desde hacía mucho tiempo sus canciones. Ellos permanecían es un estupor de odio.

El Mensajero expulsó a la obscuridad y a la sensación de agobio del ser humano, destruyó la contaminación y levantó el júbilo por el trabajo. Frenó el odio y la espada del Mensajero permaneció en la pared.

Mas todos se callaron y no pudieron cantar.

Entonces el Mensajero reunió a los niños pequeños y los llevó al bosque y les dijo, "Estas son sus flores, sus arroyos, sus árboles. Nadie nos ha seguido. Voy a descansar — y sean ustedes llenos de gozo."

Acto seguido y de manera tímida ellos avanzaron hacia el bosque. Al fin, el más pequeño de ellos permaneció en el pasto, completamente extasiado contemplando los rayos del sol. En ese momento una oropéndola amarilla empezó a cantar. El pequeño siguió el canto, primero con susurros; pero pronto, exclamó gozosamente, "¡El sol es nuestro!"

Uno por uno, los niños retornaron al pasto y un nuevo himno a la luz empezó a sonar.

El Mensajero dijo, "El hombre ha empezado a cantar nuevamente. ¡Vengan, la hora ha llegado!"

LOS SIETE SIRVIENTES

ESCUCHEN, debemos enviar siete sirvientes al mercado para que traigan algo de uvas.

¿Qué es lo que veo? El primero perdió el dinero. El segundo lo cambió por vino. El tercero lo escondió. El cuarto no notó que las uvas estaban verdes. El quinto, probando su madurez aplastó toda la rama. El sexto las escogió correctamente pero las barrió y las esparció descuidadamente. El séptimo tomó una rama madura e incluso encontró hojas para adornarla.

Así, siete pasaron juntos un camino y al mismo tiempo.

LA CIUDADELA DE LA LEALTAD

EL Soberano le preguntó al sabio, "¿Cómo uno podrá distinguir entre la madriguera de la traición y la ciudadela de la lealtad?"

El sabio señaló a un grupo de jinetes vestidos con opulencia y dijo: "Una madriguera de traición."

Luego señaló a un viajero solitario y dijo, "Una ciudadela de lealtad. Porque nada puede traicionar la soledad."

Y de allí en adelante el Soberano se rodeó de lealtad.

VENERACION AL MAESTRO

RECUERDO a un niño hindú quien encontró a su Maestro.

Nosotros le preguntamos, "¿Sería posible que el sol te resplandeciera si lo vieras sin el Maestro?"

El muchacho sonrió. "¡El sol permanecería como el sol, mas en la presencia del Maestro doce soles me brillarían!"

El sol de la sabiduría de la India brillará porque sobre las riberas de un río está sentado un muchacho que conoce al Maestro.

MILAREPA

EL Maestro Milarepa hablaba con frecuencia con los animales.

Cerca de su retiro había una colmena; hormigas erigían sus ciudades; papagayos volaban alrededor y un mono que se había acostumbrado a sentarse como el Maestro.

El Maestro le dijo a las hormigas: "Labradoras y constructoras, nadie las conoce, no obstante ustedes levantan nobles comunidades."

A las abejas les dijo, "Reúnan la miel del conocimiento y de las mejores imágenes. Nadie deberá interrumpir su dulce trabajo."

Al papagayo le dijo, "Por tu chillido percibo que estás preparándote para ser juez y predicador."

Sacudiendo sus dedos al travieso mono, le dijo, "Tú demoliste las construcciones de la hormiga; robaste la miel de otro. Tal vez hayas decidido convertirte en gobernante."

EL ERMITAÑO

ATRAÍDOS por su inmovilidad, tres ratones se le acercaron a un ermitaño. Él se dirigió a cada uno de ellos: "Tú vives donde está la harina. A pesar que hay suficientes provisiones para todos los de tu clase, tú no has mejorado.

"Tú has escogido vivir en libros y has roído un gran número de ellos, mas no te has vuelto más sabio.

"Tú vives en medio de objetos sagrados, mas no te has enaltecido.

"Ciertamente, ratones, ustedes podrían volverse humanos. Como la gente ustedes profanan los tesoros concedidos."

Tres leones se acercaron al ermitaño. Él se dirigió a cada uno de ellos: "Lo único que has hecho es asesinar a un viajero que se apresuraba a llegar a su casa para estar con su familia.

"Tú le has robado a una mujer ciega su única oveja.

"Tú atacaste el caballo de un importante mensajero.

"Leones, ustedes podrían volverse humanos. Pónganse sus melenas y empiecen una guerra. No se sorprendan que la gente parezca más cruel que ustedes."

Tres palomas se acercaron volando donde el ermitaño. Él se dirigió a cada una de ellas: "Tú has picoteado el grano que no era tuyo y lo hiciste como si hubiera sido tuyo.

"Tú has picoteado una planta curativa y eres venerada como una ave sagrada.

"Tú construiste tu nido en un templo que no era tuyo y en nombre de la superstición has forzado a otros a que te alimenten.

"Ciertamente, palomas, el momento ha llegado que se vuelvan humanas. La superstición y el fanatismo las alimentarán abundantemente."

BATUR — BAKSHA

BATUR — BAKSHA llegó para decirle a la gente la Verdad. Batur les dijo a sus camaradas, "Voy a decir toda palabra de Verdad."

Sus camaradas se horrorizaron. "Mejor digamos la mitad de la Verdad. De otra manera la firme Tierra no lo soportará."

Mas Batur no se tomó mucho tiempo. "Él siguió adelante con su plan de decir toda la Verdad.

La serpiente se convirtió en flecha negra. La serpiente golpeó el centro del pecho de Batur. La Verdad es indecible.

Batur debe ser enterrado, para el dolor de toda la gente. Mas el mismo Batur no murió por causa de la serpiente. El dejó sólo su armadura en el ataúd. Y secretamente partió hacia los campos.

"Iré adelante a buscar nuevos camaradas quienes no le teman a ninguna de las palabras de la Verdad."

Batur se alzó sobre las montañas y a través de los desiertos. Como el sol, él quema toda palabra que contenga la Verdad. Batur palideció por el abrasador calor de la Verdad. El mismo Soberano de Shambala, saludó a Batur:

"Ho, Batur. Yo te concederé uno de Mis nombres. Te daré nuevos camaradas. Ellos no se inclinarán en reverencia por causa de toda palabra de Verdad. Asciende a la Montaña Adighan. Gira hacia el Sur.

"Cuando tú veas la poderosa polvareda; cuando tú percibas las lanzas; cuando tú cuentes los corceles; entonces Yo estaré llegando. El mismo Yamuchi me sigue.

"¡Apresúrate! ¿Por qué regresar? ¡Mira hacia el Sur!"

Así se canta en las profundidades de Asia. Pero Batur Baksha no ha muerto. Él está en búsqueda de nuevos camaradas que no le teman a ninguna de las palabras de la Verdad.

LA MONTAÑA BLANCA

La montaña Blanca era la que sabía de donde venía el Agua Blanca.

La montaña enviará sus piedras a Katun. Las piedras están limpiando las Blancas riberas. Las piedras ponen a hermano contra hermano.

Katun es rojo como la sangre. La guerra continúa. Blanca montaña, ¿Enviaste Tú piedras rojas? ¿Dónde están tus aguas blancas? Tomaré un báculo de cedro. Me pondré un vestido blanco; y ascenderé a la montaña Blanca. Tendré que preguntarle - ¿De dónde viene el Agua Blanca?

Múltiples picos emergen de la montaña, de la misma cúspide. Más allá de estos picos brilla trémula la montaña Blanca. ¿Es la Piedra la que brilla?

Su misterio ha quedado al descubierto, Así pues, ¡vengan hermanos, hacia el resplandeciente brillo! Visto está lo nunca visto; audible lo nunca escuchado.

Sobre la montaña Blanca está la ciudad. Se escuchan los repiques de campanas. El gallo canta en el día anunciado.

Retirémonos a la ciudad y prestemos atención al Gran Libro.

FLECHAS DE PENSAMIENTOS

CONSIDEREMOS las estrellas. Se nos fue dicho que el recipiente de la sabiduría se vertió desde Tushita y las gotas del milagroso trago se volvió fulgurante en el espacio.

Mas el Maestro dijo, "Así brillan las puntas de las flechas del pensamiento porque el pensamiento horada la substancia radiante y crea mundos."

¡Pensamiento creativo! No cesa de adornar el espacio con las flores de luz.

EL PENSAMIENTO DEL MUNDO

SALOMÓN dijo: "Te pondré en la encrucijada del camino y te silenciaré e inmovilizaré. Ante ti pasarán las señales de los acontecimientos. Así refrenarás tu curiosidad humana y mirarás fijamente la predestinada marea de la corriente.

"Porque allende lo humano nace el pensamiento del mundo. Así marca el flujo de los acontecimientos, como si desde la parte más alta de una torre tú enumeraras tu manada de ovejas."

LA FUENTE DE LA PACIENCIA

SEÑOR de las Siete Puertas, condúcenos en dirección al sol, quien ya ha pasado más allá de la media noche.

Tuyas son las flechas, Oh, Señor.

Sin Tu Orden nosotros no entraremos en la ciudad del descanso.

Y en nuestro camino no nos detendremos por una hora, tampoco por un día o un año.

Porque Tú, el más veloz, sostienes las riendas de nuestros caballos.

Porque Tú, también has pasado por este camino y diste Tu paciencia como garantía.

Tu paciencia como garantía.

¿Dices, Guardián, de dónde fluye la fuente de la Paciencia?

De la mina de la confianza.

¿Quién sabe dónde cambia su corcel el mensajero?

EL GUARDIAN DE LAS SIETE PUERTAS

EL Guardián de las Siete Puertas se lamentaba: "Yo he visitado pueblos con una sucesión interminable de milagros. Mas ellos no los perciben. Yo proveo nuevas estrellas. Mas su luz no altera el pensamiento humano. Yo sumerjo países enteros en las profundidades de los océanos. Mas las humanas conciencias siguen inamovibles. Erijo montañas y las Enseñanzas de la Verdad. Mas la gente ni siquiera regresa a ver de donde sale el llamado. Yo envío guerras y pestes. Mas ni siquiera el terror obliga a la gente a pensar. Yo ofrezco el júbilo del conocimiento. Mas la gente convierte en un revoltijo el sagrado festín. Ya no tengo más señales para prevenir a la humanidad de la destrucción."

Hacia el Guardián se acercó el Más Elevado:

"Cuando el constructor coloca las bases del edificio, ¿Lo pregona él a todos aquellos que trabajan en la estructura? El menor de los trabajadores conoce de las medidas determinadas más únicamente a pocos les es revelado el propósito del edificio. Aquellos que excavaron las rocas de anteriores cimientos no comprenderán ni uno solo de los nuevos cimientos.

"Mas el constructor no deberá lamentarse si no existe una realización entre los trabajadores de la verdadera importancia del proyecto. Él sólo podrá distribuir el trabajo proporcionalmente."

Así, en la conciencia de la gente nosotros sabremos que aquellos que no puedan ni entender ni escuchar deberán ejercer el más bajo de los trabajos. Que aquel que entendió permanezca firme como cien mil sabios. Y que las señales, como inscripciones, se le revelen ante él.

EL RESPLANDECIENTE

EL Resplandeciente se dirigió al Príncipe de las Tinieblas:

"Tú has envenenado el aire. Tú has contaminado las aguas. Tú has agotado la Tierra. Mas al fuego tú no lo has tocado. Tampoco el fuego te ha tocado a ti. Y el fuego te quemará como la luz aniquila la obscuridad.

"La Gran Llama es incansable. Y tú no te atreverás a salir de tu madriguera. Desde el espacio evocaré nuevos fuegos que marchitarán tus trabajos.

"Como hendidura estéril. Como huesos disecados. Así tú serás abominado, desterrado; retírate.

El muro de fuego se te aproximará; allí tampoco encontrarás tus marcas. Yo cuidaré la llama para los mundos distantes. Tú no la puedes envenenar, tampoco la puedes contaminar, ni la puedes apagar. Yo convocaré las huestes ardientes, nacidas en medio del fuego. Ellas no sucumbirán. Y las aguas convocadas por ti no extinguirán su ardor.

"Príncipe de las Tinieblas, ¡ten cuidado con el Fuego!

EL REGALO DE LAS TINIEBLAS

EL Espíritu de las Tinieblas deliberaba como atar aún más firmemente la humanidad a la Tierra.

"Dejemos que conserven sus costumbres y sus hábitos. Nada ata más a la humanidad a la Tierra que los hábitos. Mas este medio es idóneo sólo para las masas. Mucho más peligrosa es la soledad. En ella la conciencia es iluminada y nuevas formas son creadas.

"Uno debe limitar las horas de soledad. La gente no debe permanecer sola. Yo les proveeré de un reflejo y dejaré que se acostumbren a su imagen."

Los sirvientes de las tinieblas le trajeron a la gente - ¡el espejo!

LA RECOMPENSA

UN hombre entregaba mucho oro por trabajos bien hechos. Pero esperaba a que lo recompensaran.

Una vez su Maestro le envió una piedra con el mensaje: "Acepta la recompensa, el Tesoro de la estrella lejana."

El hombre se indignó: "En lugar de mi oro se me envió una piedra. ¿Qué me importa una estrella lejana?"

Y abatido tiró la piedra a un arroyo en la montaña.

Mas el Maestro vino y dijo, ¿Cómo encontraste el tesoro? En la piedra había el diamante más precioso, más brillante que cualquier otra gema."

El hombre desesperado corrió hacia el arroyo. Y siguiendo la corriente descendió cada vez más abajo.

Mas el ondeo de las olas escondieron por siempre el tesoro.

DOS PITRIS

DOS de los más viejos de la humanidad argüían acerca del hombre. El que era de la Luz declaraba que el hombre debía abandonar todo. Mas el que era de las Tinieblas protestaba diciendo que el hombre debería esconder todo para sí. Ellos empezaron a probar al hombre. Ellos despojaron al hombre de todo hasta que, como un salvaje, empezó a vagar cubierto de raídos harapos.

"¡Mira, ha renunciado a todo y vive! Dijo la Luz.

"Espera un momento," dijo burlonamente el Tenebroso y tiró en el camino a un niño llorando.

El hombre cubrió al niño con el último de sus harapos y derramó una lágrima.

"¡Mira, él renunció a todo!" dijo el Luminoso.

Mas el Tenebroso contestó, "Sí, él renunció a su último harapo. Mas cuidó de su corazón.

Así el Tenebroso se burló astutamente del Luminoso.

EL PRÍNCIPE DE LAS TINIEBLAS

LUCIFER

¿EN dónde yace la rebelión de Lucifer? Él deseaba permanecer dentro de los límites del planeta. La leyenda del Príncipe del Mundo es bastante cierta. Él empezó a rodearse de espíritus satisfechos con el aura terrestre. Para mantener a sus seguidores él empezó a desplegar ante ellos las posibilidades de la Tierra, imitando — a veces con habilidad — la posición del lado opuesto.

Uno podría hablar del milagro del Anticristo.

"¡Por qué motivo es necesaria la realización del futuro, cuando Yo les puedo mostrar las fuerzas de la Tierra!"

Mas entre sus seguidores, al partir de la Tierra, ninguno decía: "¡Yo asciendo, Señor! En su lugar, ellos temblaban, desgarrándose de la refulgencia terrestre. Verdaderamente hermoso era Lucifer y él, y a su manera él le daba a conocer a la gente la comprensión del esplendor terrenal. Pero sin él, no habría un límite definido entre la Tierra y las esferas más cercanas. Sin él, la diferencia entre la vida en la Tierra y en las otras esferas hubiera desaparecido gradualmente, permitiendo encarnar en espíritus la movilidad de la materia. Pero el antiquísimo Príncipe del Mundo, en oposición, encadenó a la materia a la corteza ocupada por él. Como espíritu planetario, él sabía de las profundidades de la Tierra. Mas su error yace en la renuencia a cooperar con otros planetas. Precisamente esto fue lo que llevó a Cristo al Mundo.

Mientras Lucifer glorifica la vida en la Tierra, Cristo señala la belleza de toda la Creación de los Mundos. Nosotros decimos, "Que brille la luz de Lucifer, mas la grandeza de los otros fuegos no puede ser opacada por aquella."

Nosotros no tememos pronunciar su nombre. Nosotros sabemos de su existencia. Nosotros decimos, "Con tu forma de hacer las cosas no va a ser posible llevar a cabo el destino de la Tierra ya que únicamente a través de la comunión con los otros mundos, la vida de tu fortaleza será regenerada. Se gastarán tus rocas y ¿sobre dónde colocarás tu trono? Mas la vida eterna y el flujo eterno nos darán un eterno hogar. Cristo no se diferencia en absoluto de tus sirvientes mas Él mostró el privilegio del movimiento más allá de los límites de la Tierra."

Cristo dijo, "Yo podría pasar la noche sobre la hermosa Tierra pero sólo para continuar el viaje: pero tú, anfitrión de la Tierra, ordena que regresen tus sirvientes, no vaya a ser que quieran impedirme continuar mi camino al amanecer."

Y así, uno quedó atrapado por la materia, el otro pasó a los mundos de posibilidades de la Luz.

¡Lucifer, ven ya es hora de reencender tu lámpara!

Lucifer, aquel que pudo haberse convertido en expositor de la Unidad, prefirió aislarse a sí mismo de sus vecinos. La batalla de desesperación transformó al Portador de la Luz; y el aura rubí se saturó de un brillo rojo sangre.

Sus seguidores empezaron a aplicar medios verdaderamente depravados.

¡Miserable Portador de la Luz! En la muerte de Cristo permitiste un error irrevocable. El cedro de Líbano que cargó el cuerpo de Cristo acortará el camino a los Mundos Superiores.

Por consiguiente, tú tendrás que partir a Saturno; por esto, tú has sido llamado Satanás por mucho tiempo. Pero allá también el jardinero de la materia encontrará campos para trabajar como lo hizo en la Tierra.

Y acepta Nuestra última sugerencia. ¡Inspecciona las filas de tus sirvientes!

Sobre la escalera de la vida tú buscaste dejar atrás a la Maestra. Considérate advertido: Aquí está Ella, testigo de tu destino. La Estrella de la Madre del Mundo se alza como una señal contra tu locura cuando tratas de humillarla a Ella, la Portadora del Espíritu. Tú contemplarás a la mujer regresar a su sitio predestinado.

EL ORO Y LA OBSCURIDAD

EL ORO

ESTÁ al descubierto el gas destructivo del planeta. Está contenido en el oro puro. Uno debe mantenerlo alejado.

Mayormente las piedras y los metales naturalmente atan al hombre con el fondo del planeta y se convierten en nidos de contagios. El culto ampliamente extendido al oro nos ha obligado a que le pongamos atención. Por medio de investigaciones complicadas, se hicieron intentos de aplicar la acción del oro a distintas manifestaciones de Fuerzas Cósmicas. No hay duda que este metal fue saturado con poderosas emisiones de luz. Y las vetas de oro transmiten la luz astral al fondo de la tierra. En consecuencia, si el mundo astral estuviera bien ordenado, el rol del oro podría ser incluso benéfico. Pero, precisamente este conductor se puede convertir en una mecha y explotar. Uno puede imaginar lo fácil que este metal puede transmitir este gas color café que ha sido hecho denso para el horror del mundo astral. Y el espíritu hará su aparición como un agente reventador y como un ímpetu para los volcanes.

LA OBSCURIDAD

La obscuridad absoluta es la antípoda constante de la luz. Es el enemigo de aquello que existe. Es la negación de la vida. Es la estranguladora y la envenenadora. Entonces, ¿qué es lo que es? Es la expulsión del imperfecto espíritu. No existen palabras adecuadas para describir esta presión y esta sofocación. No son muchos los que pueden mirar a este enemigo del planeta sin que se enferme.

Es precisamente esta obscuridad la que empieza a abandonar sus anteriores depósitos. En su camino, la obscuridad va corroyendo todos los elementos y el gas fuerza a los elementos de la destrucción en estas fisuras.

LA LEYENDA DE LA PIEDRA

LA LEYENDA DE LA PIEDRA

YO vengo a través del desierto — Yo traigo el Cáliz cubierto con el Escudo. Adentro se encuentra un tesoro — El Regalo de Orión. Oh Tú, Portador de la Llama, recuerda Lob-Nor y esparce Tu campamento. Kuku-Nor — el corcel se apresura.

Y en el templo de Judea, el Portador de la Llama no se tarda. Y Passedvan apenas La salvó; con él, la Piedra dejó atrás las ruinas de la China. No te esfuerces por la Piedra, Lun; Ella vendrá sola si tú sabes como esperarla.

Mas a traición los sirvientes del templo usurparon la Piedra de las manos del Soberano de la India para glorificar a una tierra extranjera. Que la montaña del orgullo oculte la Piedra por un tiempo. Que la ciudad de la Piedra sea glorificada. Mas el sendero del tesoro ya ha sido ordenado. Ya es tiempo que la Piedra retorne al hogar.

Cuando sobre el Cáliz la llama se enrosque en un anillo, entonces Mi hora se acerca.

En la isla de Lanka yace la Piedra escondida por la perfidia de Rávana. La Piedra partirá allende los mares. En su despertar, como la cola del cometa, la felicidad todavía está en llamas; pero no por mucho tiempo más.

Que los cientos de pasos de la China den la bienvenida al portador de la Llama. Mas Passedvan se lleva la Piedra. Y las arenas transmiten el Fuego al intrépido jinete, Timar. Aquel que es grande se aproxima a la pared de Ámbar y cubrió el campo con sus estandartes.

"Que la Piedra descanse en el Templo hasta mi retorno." Mas la vida le llevó el milagro al nieto. El camino de la Piedra giró hacia el Oeste.

Bajo la tierra se encuentran reunidos los padres religiosos para analizar la naturaleza de la Piedra. "¿Por qué, cuando la Piedra se vuelve obscura, se acumulan las nubes? Cuando la Piedra se siente pesada, hay derramamiento de sangre. Cuando una estrella brilla sobre la Piedra, el éxito viene. Cuando la Piedra cruje, se acerca el enemigo. Cuando sobre la Piedra viene un sueño sobre fuego, el mundo está convulsionado. Cuando la Piedra está tranquila, camina con valentía. ¡Mas no viertas vino sobre la Piedra! Quema sobre ella únicamente bálsamo de cedro. Lleva la Piedra en un cofre de marfil.

Así como uno debe acostumbrarse al frío y al calor, así debe uno acostumbrarse a la refulgencia de la Piedra. Cada uno de los portadores de la Piedra debe morar con ella tranquilamente por un tiempo. La intoxicación de sus rayos es invisible pero Su calor interno es más poderoso que el rádium. La Mirra fluye sin ser vista mas la Piedra descansa visible sobre la red de Su tierra natal.

En medio del aliento de la estepa y de la resonancia cristalina de las montañas el espíritu de la Piedra señala el camino del estandarte. El milagro de los rayos de Orión está guiando los pueblos.

El Maestro guía los corceles hacia los elevados Yutzakis y Karakorum Nor. La manifestación es esperada en Uyub-Nor.

El conocimiento sacerdotal de todos los tiempos prepara a los hombres para la meritoria recepción del Tesoro. Desde hace mucho tiempo las leyes de la sabiduría han revelado el día cuando un eclipse doble y el sumergimiento de las santidades marcarán el nuevo advenimiento de la Piedra. ¡Esperemos nuestro destino en oración!

Oh, Piedra, empieza desde el mar. Que el pájaro traiga al oído las nuevas — la Piedra está viniendo.

En la obscuridad de la noche misteriosamente vestido, el mensajero se aproxima silenciosamente para ver como esperan ellos. A la vuelta de una esquina yace esperando una bestia domada, olfateando, husmeando con sus garras; él ha sido enviado por el enemigo. ¿Quién se agita detrás de la ventana? ¿Qué moscas están pululando el lugar? ¿De dónde sopla el torbellino? Pero Yo camino firme y seguro: Yo estoy sosteniendo la Piedra.

Estoy aprendiendo la plegaria: ¡No me abandones, Mi Señor! Yo he reunido toda la fuerza. ¡No me abandones que ya voy hacia Ti!

En el Monte Ararat yace la ardiente Piedra. Un caballero de Novgorod se mató sobre la Piedra debido al escepticismo. La gran libertad de Novgorod probó la posesión del tesoro mas la herejía apartó el cumplimiento del milagro.

La mejor reliquia del poder de la Piedra está simbolizada por la Piedra de la serpiente — símbolo de una posesión sabia.

El seguidor de la noche buscó recobrar la posesión de la Piedra. Mas el tesoro siempre fue la señal de la Luz. Los soberanos mañosos y taimados no poseen la Piedra por mucho tiempo sin darse cuenta que el esfuerzo por lo recto puede regir el fuego de la Piedra.

Uroil Zena, el espíritu del aire, le llevó la Piedra al Rey Salomón. El espíritu proclamó al receptivo oído: "Por la voluntad del Señor de los Poderes Yo te encargo el tesoro del Señor de los Poderes. Te encomiendo el Tesoro del Mundo."

"Que así sea," dijo el Rey y se llevó la Piedra al Templo.

Pero el pensamiento de llevar parte del tesoro en su persona lo poseyó. Entonces el Rey convocó a Efraín, el orfebre de la tribu de Judá; él le ordenó que cortara una parte de la Piedra y que con plata pura soldara un anillo y grabara sobre la Piedra el cáliz de la sabiduría iluminado con una llama. El Rey nunca pensó partir con el Tesoro. Mas el espíritu dijo, "No fue sabio el que tú violaras la suprema substancia-A. Para los hijos de los hombres será penosamente dificultoso poseer la Piedra. Y sólo aquellos que estén contigo podrán dirigir la Piedra hacia la rectitud. Por una constelación Yo designaré el camino de la Piedra."

Partió el mensajero donde Khan Tamerlane.

Preocupadamente yace la Piedra en Otakuye. Una escolta con tres estandartes tiene que ser despachada. Los hombres viajan sobre camellos. Una torre de arena obscurece el sol. Los elementos ocultan a los viajeros. Ellos viajan incansablemente. Y los kayuks regresan los corceles hacia el hogar. ¿Quién protegerá la Piedra en la noche? El desierto oculta a los extraños y con ellos la Piedra fue hacia el Sur. Reflexiona, Khan, cómo darle alcance a la Piedra de manera correcta. Llegaron el dolor y la enfermedad; incluso el corcel perdió su paso. El Espíritu manifestado se acercó a los nobles jinetes: "No busquen. El tiempo mismo les revelará su camino."

Cada Ulus canta su propia canción acerca de la Piedra.

El Padre Sulpicius tuvo una visión: Se le apareció ante él una columna blanca de nubes. De ella salió una Voz: "Mantén la Piedra en el altar traído de Rotemburgo. Sobre aquel altar existen cuatro cuadrados y en cada uno el signo M. La manifestación será revelada cuando Yo pronuncie ¡La Marcha de los cuatro hacia el Oriente! Nada deberá disminuir el mandamiento. Ríndete ante la hora destinada. Yo reuniré a los guerreros de Mi estrella. A cualquiera que se le ordene reconocer el tiempo designado, se tendrá que congregar. Esto Yo lo atestiguo en esta hora, que la Piedra es configurada como un corazón humano y dentro de éste se guardará un cristal resplandeciente."

Con estas palabras la columna se esparció en chispas azules, poniendo al Padre Sulpicius muy tembloroso. En esto está la más gran maravilla, que la Piedra que vino del Oriente tiene la forma oblonga de fruta plana o de corazón. Sobre el altar fueron encontradas las letras dichas anteriormente. Su significado es desconocido.

El soberano Kurnovoo, cargado de oro, recibió la Piedra negra enviada desde Tazlavoo conteniendo el cristal de vida. Y sobre el oro el soberano llevaba puesta la Piedra.

Del libro de Tristan, llamado Lun:
"Cuando el Hijo del Sol descendió sobre la Tierra para enseñar a la humanidad, cayó del cielo un Escudo que llevaba el poder del mundo. En el centro del Escudo entre las tres diferentes marcas había signos de plata prediciendo acontecimientos bajo los rayos del sol. El repentino obscurecimiento del sol hizo desesperar al Hijo del Sol y él dejó caer el Escudo y éste se destrozó. De mal augurio fue la constelación. Mas el poder quedó en el fragmento central — allí se posó el rayo del Sol.

"Se dice que el Rey Salomón cortó la porción central de la Piedra para su anillo. La leyenda de nuestros sacerdotes también cuenta del escudo destrozado del sol. El error más deplorable es el de negar la Piedra.

"Verdaderamente, Yo mismo he visto este fragmento del mundo — Yo recuerdo su forma — tan largo como mi dedo pequeño — de un brillo grisáceo como el de una fruta seca. Incluso recuerdo los signos pero no los pude entender.

"Ciertamente, yo mismo he visto la Piedra y yo la

encontraré. Se dice que la Piedra viene de Sí Misma; no puede ser tomada. Si es así, yo voy a esperar por Ella. Por causa de Ella me iré al desierto, hasta el fin de mis días."

"¡Lun, recuerda, tú te decidiste a esperarla!

Cuando la Piedra se le perdió al Soberano de la India, su esposa dijo, "Nosotros La encontraremos nuevamente. El valeroso exigió un arco, él mismo iba a dar de baja al pájaro"

Cuando el Emperador de la China poseía el tesoro del sol, Le erigió un templo turquesa de color azul celeste como el cielo. Cuando el pequeño príncipe y su novia se asomaron detrás de la puerta, el Emperador dijo, "El zorro los está guiando. Ustedes sienten la alegría del mundo."

Recuerden la corona de hierro de los Lombardos; esa también, es una huella de la Piedra. No hace mucho que la Piedra descansa cerca de la montaña de la dignidad. Muchos son los mensajeros de Oriente. Los camellos traen la Piedra al Tíbet. Ellos La llevan a través del desierto y con Ella un nuevo poder.

Y Su último vuelo hacia Occidente iluminó a un reino desconocido de una unión fracasada de naciones occidentales. En cada rayo de Oriente ellos ya buscan la Piedra. La hora llegará; las fechas serán cumplidas. Designada está la forma que se prescribió cuando la Piedra venga de Occidente.

Nosotros afirmamos que hay que esperar y entender la manera de la Piedra. Nosotros afirmamos entender a los portadores predestinados de la Piedra quienes se dirigen hacia el hogar. La embarcación está lista.

El Nuevo País saldrá a encontrar las siete estrellas bajo el signo de las tres estrellas que enviaron la Piedra al mundo. EL tesoro está preparado y el enemigo no tomará el Escudo cubierto con oro.
¡Espera por la Piedra!

LAS PROFECÍAS DE SHAMBALA Y MAITREYA

LAS PROFECÍAS DE SHAMBALA Y MAITREYA

El Tesoro está regresando de Occidente. Sobre las montañas los fuegos de júbilo están encendidos. ¡Contempla el camino!

Allá van los que llevan la Piedra. Sobre el Altar están los signos de Maitreya. Del Sagrado Reino se dio la fecha cuando la alfombra de la expectativa pueda ser desenrollada. Por los signos de las siete estrellas se abrirán los Portones.

A fuego Yo manifestaré Mis mensajeros.

Reúne las profecías de tu felicidad.

Así se cumplen las profecías de los antepasados y los escritos de los sabios. Reúne tu comprensión para saludar al Predestinado.

Cuando los heraldos de los guerreros del Norte de Shambala aparezcan en el Quinto Año, acumula comprensión para que te puedas encontrar con ellos. ¡Recibe la Nueva Gloria! Yo manifestaré Mi Signo del Rayo.

Yo tengo muchos tesoros mas sólo el día señalado se los concederé a Mi Pueblo. Cuando las legiones del Norte de Shambala traigan la Lanza de Salvación entonces Yo descubriré las profundidades de las montañas y tú dividirás igualmente Mis tesoros entre los guerreros y ustedes y vivirán en justicia.

Muy pronto llegará la hora para Mi Mandato: cruzar

todos los desiertos. Cuando Mi oro fue esparcido por los vientos Yo ordené el día cuando el pueblo del Norte de Shambala se acerque a juntar Mis posesiones. Entonces Mi pueblo preparará sus valijas para los tesoros. Y a cada uno les daré su parte.

Uno podría encontrar arenas de oro. Uno podría encontrar gemas preciosas. Mas la verdadera riqueza vendrá únicamente con el Pueblo del Norte de Shambala. Cuando llegue la hora Los enviaré adelante.
Así se ha ordenado.

El Maitreya que viene está simbolizado con Sus Pies puestos sobre la Tierra — el símbolo del apremio.
Se ha predicho que la manifestación de Maitreya vendrá después de las guerras. Mas la guerra final será por la Verdadera Enseñanza. Mas cualquiera que se levante en contra de Shambala será golpeado en todas las formas. Y las olas arrasarán su morada.
Ni siquiera un perro contestará su llamado. Y en su última noche no serán nubes las que vea sino rayos.
Y el mensajero rojo se levantará sobre columnas de Luz. La enseñanza señala que a todo guerrero de Shambala se le llamará el Invencible.
El Mismo Señor se está apresurando. Y Su Estandarte ya está sobre las montañas.

Para aproximarte a la Nueva Era el Bendito Buda te confirió al esperado Maitreya.
Tus Pastos alcanzarán la Tierra Prometida.

Cuando atiendes tus rebaños, ¿no escuchas las voces de las rocas? Ellas son las trabajadoras de Maitreya que preparan los tesoros para ti.

Cuando los vientos murmuran a través de los cañaverales, ¿no entiendes que estas son las flechas de Maitreya disparadas como protección?

Cuando el relámpago ilumina tus campos, ¿Sabes tú que es la luz de tu deseado Maitreya?

¿A quién se le encomendará la primera ronda de la noche? A Ti.

¿A quién se le despachará los mensajeros? A Ti.

¿Quién se les reunirá? Tú.

Desde el Occidente, desde las montañas, vendrá mi Pueblo. ¿Quién los recibirá y los protegerá? Tú.

Implora para que Tara descanse contigo. Decidan limpiar sus corazones hasta Mi Venida.

Todo aquel que escuche Mi deseo deberá cubrir su gorro de piel con una cubierta roja y deberá entretejer las riendas de su caballo con un cordón rojo.

Mira agudamente los anillos de los que vienen. Allí donde está Mi Cáliz, allí está la salvación. Sobre las montañas se están encendiendo los fuegos.

El Año Nuevo está llegando. Cualquiera que lo pase dormido no volverá a despertarse. ¡El Norte de Shambala está viniendo!

Nosotros no tememos. Nosotros no nos deprimimos. ¡Dukhar, el de los múltiples ojos y el de los múltiples brazos, nos envía pensamientos puros!

Pondera con pensamientos profundos. Pondera con pensamientos de luz.

¡Uno — Dos — Tres! Yo veo tres personas.

¡Uno — Dos — Tres! Yo veo tres libros. El primero es del Bendito Mismo. El segundo es de Asvagosha. El tercero es de Tzong kha pa.

¡Uno — Dos — Tres! Yo veo tres libros del Maitreya que viene. El primero fue escrito en Occidente. El segundo fue escrito en Oriente. El tercero fue escrito en el Norte.

¡Uno — Dos — Tres! Yo veo tres manifestaciones. La primera es con la espada. La segunda es con la ley. La tercera es con la luz.

¡Uno — Dos — Tres! Yo veo tres caballos. El primero es negro. El segundo es rojo. El tercero es blanco.

¡Uno — Dos — Tres! Yo veo tres naves. La primera está en el agua. La segunda está debajo del agua. La tercera está sobre la Tierra.

¡Uno — Dos — Tres! Yo veo tres águilas. La primera está posada sobre una piedra. La segunda está picoteando su presa. La tercera está volando hacia el sol.

¡Uno — Dos — Tres! Yo veo tres buscadores de la Luz. ¡Rayo rojo! ¡Rayo azul! ¡Rayo blanco platinado!

Yo afirmo que la Enseñanza emitida desde Boddhigaya retornará allí.

Cuando la procesión que lleva en andas la Imagen de Shambala pase a través de las Tierras de Buda y retorne a la fuente primera, entonces habrá llegado el momento de la pronunciación de la sagrada palabra de Shambala. Entonces uno recibirá el mérito por el pronunciamiento de este Nombre.

Entonces el pensamiento de Shambala proveerá de sustento. Entonces la afirmación de Shambala se volverá la fuente de todos los trabajos y la gratitud a Shambala su fin. Y tanto el grande como el pequeño se llenarán con la comprensión de la Enseñanza.

La Shambala Sagrada está representada con una armadura impenetrable, en medio de espadas y lanzas.

Yo afirmo solemnemente: ¡Shambala es invencible!

¡El círculo de portar la Imagen está cumplido! A los lugares de Buda; a los lugares de Maitreya es llevada la imagen. "Kalagiya," es pronunciado como el estandarte de la Imagen desplegada.

Lo que ha sido dicho es tan verdad como que bajo la Piedra de Ghum yace la profecía de la Shambala Sagrada.

El Estandarte de Shambala circundará las tierras centrales del Bendito. Aquellos que Lo acepten a Él se regocijarán. Y aquellos que Lo nieguen temblarán.

El Tashi Lama le preguntará al Gran Dalai Lama: "¿Qué es lo predestinado para el último Dalai Lama?"

"El negador será entregado a la justicia y será olvidado. Y los guerreros marcharán bajo el Estandarte de Maitreya. Y la ciudad de Lhasa se obscurecerá y quedará sola.

"Aquellos que se levanten en contra de Shambala serán derribados. Para los tenebrosos, el Estandarte de Maitreya fluirá como sangre sobre las tierras del nuevo mundo. Como un sol rojo para aquellos que han entendido."

El Tashi Lama encontrará al Gran Dalai Lama y el Gran Dalai Lama se dirigirá a Él diciendo: "Te enviaré los signos más elevados de mi rayo. ¡Anda, sorprende al Tíbet! El anillo Te protegerá."

www.ingramcontent.com/pod-product-compliance
Lightning Source LLC
Chambersburg PA
CBHW071515040426
42444CB00008B/1659